EDITION PETERS REPERTOIRE LIBRARY

German Chorale Preludes
of the 17th and 18th centuries

Organ

EIGENTUM DES VERLEGERS · ALLE RECHTE VORBEHALTEN
ALL RIGHTS RESERVED

PETERS EDITION LTD

A member of the EDITION PETERS GROUP
LEIPZIG · LONDON · NEW YORK

Also available from the
Edition Peters Repertoire Library (Organ)

English Organ Music of the 18th and 19th centuries
EP 72533   ISMN 979-0-57700-783-0

Works from this edition are drawn from the comprehensive Edition Peters organ catalogue,
including EP 4448: 80 Chorale Preludes from German Masters of the 17th and 18th Centuries.

This edition © Copyright 2014 by Peters Edition Limited, London

Peters Edition Ltd
2–6 Baches Street
London
N1 6DN

Tel: +44 (0)20 7553 4000
Fax: +44 (0)20 7490 4921
Email: sales@editionpeters.com
Internet: www.editionpeters.com

Cover design: www.adamhaystudio.com

Printed in England by Halstan & Co, Amersham, Bucks.

CONTENTS

Pachelbel	Ach Gott, vom Himmel sieh darein	5
Walther	Allein Gott in der Höh sei Ehr	6
Pachelbel	An Wasserflüssen Babylon (Ein Lämmlein geht und trägt die Schuld)	8
Buxtehude	Auf meinen lieben Gott	10
Zachau	Christ lag in Todesbanden	12
Pachelbel	Christus, der ist mein Leben	13
Telemann	Christus, der uns selig macht	14
Pachelbel	Ein feste Burg ist unser Gott	16
Praetorius	Ein feste Burg ist unser Gott	18
Scheidt	Gelobet seist du, Jesu Christ	22
Walther	Herr Christ, der einig Gottes Sohn	23
Pachelbel	Herr Got, dich loben alle wir (Es geht daher des Tages Schein)	24
Telemann	Herr Jesu Christ, dich zu uns wend	26
Alberti	Herzlich lieb hab ich dich, o Herr	28
Buxtehude	Herzlich tut mich verlangen	30
Telemann	Herzlich tut mich verlangen	32
Walther	Herzlich tut mich verlangen	34
J.C. Bach	In dich hab ich gehoffet, Herr (Mein schönste Zier und Kleinod bist)	35
Buxtehude	In dulci jubilo (Nun singet und seid froh)	36
Zachau	In dulci jubilo (Nun singet und seid froh)	38
Zachau	Jesu, meines Lebens Leben (All Menschen müssen sterben)	39
Buxtehude	Jesus Christus, unser Heiland	40
Armsdorf	Komm, heiliger Geist, Herre Gott	41
Telemann	Komm, heiliger Geist, Herre Gott	42
Walther	Machs mit mir, Gott, nach deiner Güt	44
J.C. Bach	Mit Fried und Freud ich fahr dahin	45
Kaufmann	Nun danket alle Gott	46
Walther	O Welt, ich muß dich lassen	48
Telemann	Vater unser im Himmelreich	50
Walther	Wachet auf, ruft uns die Stimme	51
J.C. Bach	Wie schön leuchtet der Morgenstern	53
Scheidt	Wir glauben all an einen Gott	54

Ach Gott, vom Himmel sieh darein

Johann Pachelbel (1653–1706)

Allein Gott in der Höh sei Ehr

Johann Gottfried Walther (1684–1748)

An Wasserflüssen Babylon
(Ein Lämmlein geht und trägt die Schuld)

Johann Pachelbel (1653–1706)

Auf meinen lieben Gott

Dietrich Buxtehude (1637/39–1707)

Moderato

Auf mei- nen lie- ben Gott trau ich in Angst und Not, der kann mich all- zeit ret- ten aus Trüb- sal, Angst und Nö- ten, mein Un- glück kann er wen- den, steht all's in sei- nen Hän- den.

Double

Christ lag in Todesbanden

Friedrich Wilhelm Zachau (1663–1712)

Christus, der ist mein Leben

Johann Pachelbel (1653–1706)

Christus, der uns selig macht

Georg Philipp Telemann (1681–1767)

Ein feste Burg ist unser Gott

Johann Pachelbel (1653–1706)

Ein feste Burg ist unser Gott

Michael Praetorius (1571–1621)

Gelobet seist du, Jesu Christ

Samuel Scheidt (1587–1654)

Herr Christ, der einig Gottes Sohn

Johann Gottfried Walther (1684–1748)

Herr Got, dich loben alle wir

(Es geht daher des Tages Schein)

Johann Pachelbel (1653–1706)

Herr Jesu Christ, dich zu uns wend

Georg Philipp Telemann (1681–1767)

Herzlich lieb hab ich dich, o Herr

Johann Friedrich Alberti (1642–1710)

Herzlich tut mich verlangen

Dietrich Buxtehude (1637/39–1707)

Herzlich tut mich verlangen

Georg Philipp Telemann (1681–1767)

Herzlich tut mich verlangen

In dich hab ich gehoffet, Herr

(Mein schönste Zier und Kleinod bist)

Johann Christoph Bach (1642–1703)

In dulci jubilo

(Nun singet und seid froh)

Dietrich Buxtehude (1637/39–1707)

In dulci jubilo
(Nun singet und seid froh)

Friedrich Wilhelm Zachau (1663–1712)

Jesu, meines Lebens Leben

(All Menschen müssen sterben)

Friedrich Wilhelm Zachau (1663–1712)

Jesus Christus, unser Heiland

Dietrich Buxtehude (1637/39–1707)

Komm, heiliger Geist, Herre Gott

Andreas Armsdorf (1670–1699)

Komm, heiliger Geist, Herre Gott

Georg Philipp Telemann (1681–1767)

Machs mit mir, Gott, nach deiner Güt

Johann Gottfried Walther (1684–1748)

Mit Fried und Freud ich fahr dahin

Johann Christoph Bach (1642–1703)

Nun danket alle Gott

Georg Friedrich Kaufmann (1679–1735)

O Welt, ich muß dich lassen

Johann Gottfried Walther (1684–1748)

Vater unser im Himmelreich

Georg Philipp Telemann (1681–1767)

Wachet auf, ruft uns die Stimme

Johann Gottfried Walther (1684–1748)

Wie schön leuchtet der Morgenstern

Johann Christoph Bach (1642–1703)

Wir glauben all an einen Gott

Samuel Scheidt (1587–1654)

The classic Edition Peters brand, with its iconic green-border covers, has been synonymous with the very best classical music since it was introduced in 1867. The ground-breaking series revolutionized the music market, introducing practical editions at affordable prices and, since then, has developed into a comprehensive collection spanning the complete history of Western music.

The **Edition Peters Repertoire Library** draws together repertoire selected from this vast and varied catalogue of more than 12,000 titles, embracing both standard classics and lesser-known – but equally worthwhile – music.

Die zeitlose Edition Peters mit ihren unverwechselbaren lindgrünen Einbänden steht seit ihrer Einführung im Jahr 1867 für das Beste der klassischen Musik. Die bahnbrechende Reihe revolutionierte seinerzeit mit praktischen Ausgaben zu erschwinglichen Preisen den Musikmarkt und hat sich seitdem zu einer umfassenden Sammlung entwickelt, welche die gesamte Bandbreite der westlichen Musikgeschichte abdeckt.

Die **Edition Peters Repertoire** Library stellt ausgewähltes Repertoire aus diesem ebenso umfangreichen wie vielseitigen Katalog von über 12.000 Titeln zusammen und enthält sowohl bewährte Klassiker als auch weniger bekannte, aber ebenso lohnenswerte Werke.

EDITION PETERS GROUP
LEIPZIG · LONDON · NEW YORK
www.editionpeters.com

ISMN 979-0-57700-782-3

EP 72532